Jean Bourdeau

Les Grèves politiques

Politique

ISBN : 978-1724775931

10 9 8 7 6 5 4 3 2 1

Jean Bourdeau

Les Grèves politiques

Politique

Table de Matières

De grandes grèves à visées politiques se sont produites, ces dernières années, parmi les ouvriers de la grande industrie, en Belgique, en Suède, en Espagne, en Italie, et troublent profondément la Russie à l'heure présente. C'est là une tactique, un moyen de combat des classes urbaines, né de circonstances nouvelles, de l'agglomération des travailleurs dans les usines, de la facilité d'entente et d'action ménagée par la rapidité des moyens de communication, de l'architecture des grandes villes percées de larges avenues, des armes perfectionnées entre les mains des soldats, qui relèguent au musée des antiques les piques et les pavés des insurrections et des barricades. En arrêtant le travail, non pas de toutes les industries, ce qui est impossible, mais des plus importantes, les ouvriers suspendent la vie sociale, essaient d'intimider les pouvoirs publics, de déplacer la souveraineté, et se flattent même, par ce moyen, de transformer la société.

C'est pourquoi les discussions sur le fonctionnement, la portée, l'efficacité de la grève générale, deviennent de plus en plus fréquentes parmi les socialistes. Leurs Congrès d'une part et les Congrès corporatifs de l'autre prennent à ce sujet les décisions les plus opposées, du moins en France. Une revue socialiste [1]vient de clore une vaste et confuse enquête sur la question. Avant de chercher à la débrouiller, rappelons ce qu'ont été en réalité ces grèves générales, et cherchons si les résultats pratiques répondent aux grandes espérances qui les avaient suscitées.

Section I

La grève générale passe pour le mode de combat le plus moderne. Nous en trouvons cependant le premier exemple à Rome, l'an 493 avant Jésus-Christ, lorsque les plébéiens qui composaient les légions, écrasés par l'usure, firent une double sécession sur le Mont Sacré et sur le Mont Aventin, où le sénateur Ménénius Agrippa vint leur conter l'apologue *des Membres et de l'Estomac.* Cette révolution commencée par la foule, sans autres chefs pour la conduire que ceux que le hasard lui donna, et accomplie par elle sans une goutte de sang versé, eut des résultats qui se continuèrent pendant de longs siècles : elle enfanta le tribunat populaire [2].

C'est en Angleterre qu'eut lieu, au XIXe siècle, la première démonstration politique des bras croisés. Une grande agitation régnait depuis 1832 parmi les classes ouvrières ; les transformations de l'industrie, l'absence de lois concernant les fabriques rendaient précaire et misérable la condition des ouvriers. La réforme électorale assurait le pouvoir à la bourgeoisie. Les ouvriers, appuyés par des pasteurs dissidents qui se mêlaient à leurs assemblées, réclamaient le droit de suffrage. Le mouvement était tel qu'on pouvait croire l'Angleterre à la veille d'une révolution [3]. Le 2 mai 1842, une interminable procession ouvrière parcourut les rues de Londres pour venir déposer à la Chambre des Communes un programme de revendications qui comprenait le droit de suffrage pour tout citoyen majeur, le parlement élu chaque année, le vote secret, la suppression de toute qualification de fortune, un traitement alloué à tous les membres du Parlement, enfin des circonscriptions électorales égales. C'était la Charte du peuple, d'où le nom de *Chartistes* donné à ses partisans. Les chefs demandaient qu'un des leurs fût introduit au Parlement, afin d'exposer et de justifier ces exigences. Contre cette prétention Macaulay, le jour suivant, prononça un discours dont on ne saurait assez méditer l'esprit politique [4].

« Monarchie et aristocratie, disait en substance Macaulay, ne sont pas une fin de gouvernement, mais simplement des moyens. Ce n'est donc pas par préjugé aristocratique, par superstition monarchique, qu'il y a lieu d'exprimer une crainte et une aversion à l'égard du suffrage universel : c'est parce qu'il est incompatible avec la propriété, c'est-à-dire incompatible avec la civilisation. Rien ne saurait empêcher la société de tomber dans la barbarie, si ceux-là ne sont pas protégés qui, par leur industrie, par leur épargne, créent l'avancement de la société. Grâce à l'institution de la propriété, le progrès peut se produire même avec un mauvais gouvernement ; car le plus mauvais gouvernement ne peut dépenser la richesse aussi vite que l'accroissent les classes qui dirigent la production, sous l'impulsion de la sécurité qui résulte pour elles de cette certitude que leurs droits acquis seront respectés.

« Ce serait donc folie de donner, par l'universalité du suffrage, le pouvoir à une classe qui ne respecte pas cette institution, et qui la considère comme le pire des monopoles, auquel elle attribue la misère du peuple.

« Gardons-nous de blâmer les foules plongées dans l'ignorance et la souffrance. Nous-mêmes, avec toute notre éducation, nous sommes très crédules, très impatiens, très bornés. Que faut-il donc attendre de ceux qui vivent dans la détresse, sous le poids d'un pénible labeur ? On les abuse en leur promettant l'impossible. L'ouvrier honnête qui ne demande que du travail est réduit au chômage : sa femme et ses enfants crient famine ; quoi de plus naturel qu'il attribue sa misère à ce fait que les uns ont trop et les autres trop peu ? Comment lui faire comprendre que sa détresse présente est un état de prospérité, comparée à la situation où il se trouverait après un seul mois d'anarchie et de pillage ? Assurément ce n'est pas sa faute s'il n'est pas instruit de la réalité des choses par un bon système d'éducation générale. Mais donnez-lui le droit de suffrage, il s'en servira pour sa ruine et pour la nôtre. Le suffrage universel a pour condition l'éducation politique universelle.

« Est-ce à dire que cela implique un sentiment de malveillance envers les pauvres ? Pas plus qu'envers un ami malade, que dévore la soif, auquel on refuserait un verre d'eau glacée interdit par le médecin comme un poison mortel. De même on se garderait de livrer la clef d'un grenier à une multitude affamée qui le viderait en un jour. Le devoir du gouvernement est de secourir, mais il ne dépend pas de lui que le grenier soit inépuisable.

« Si, par le suffrage universel, vous donnez au Peuple l'absolu pouvoir, si vous mettez le capital aux pieds du travail, si vous livrez le gouvernement à des majorités irrésistibles, ceux-là feront valoir leurs droits qui considèrent que l'aristocratie et la richesse sont des monopoles destinés à opprimer les pauvres, à défendre les vieux abus, à conserver les terres volées. La conséquence en sera la plus vaste spoliation, et une calamité infiniment pire que celle que pourrait produire l'état actuel. Les barrières qui protègent la propriété une fois détruites, c'est l'arrêt du commerce, de l'industrie, du crédit, c'est l'anarchie et son cortège. Alors un despotisme militaire sera seul capable de sauver du naufrage ce qui restera de la prospérité de l'Angleterre... »

A la suite de ce discours, la Chambre des communes, à une grande majorité, repoussa la pétition des Chartistes. Le mécontentement des ouvriers, accru par la dépression industrielle, fut extrême : leur comité résolut de suspendre partout le travail, et de ne le reprendre que si les exigences de la Charte étaient accordées. Le 12 mai 1842, des bandes d'ouvriers se mirent en marche pour faire exécuter cette décision. Toutes les fabriques, sauf les moulins à blé, furent fermées dans le Lancashire. La foule commit peu d'excès. Les ouvriers tombèrent dans une misère noire. Le mois de mai 1842, le mois sacré, comme on l'appelle, n'évoque d'autre souvenir que celui d'une amère déception.

Depuis, aucune grève politique n'a affligé le peuple anglais. Le suffrage a été élargi. Les règlements imposés aux fabriques ont remédié à de criants abus. Les unions ouvrières ont atteint un degré de prospérité et de richesse inconnu partout ailleurs, cela grâce à l'essor industriel : la Charte de 1842 ne trouverait plus parmi les unions les adhérents d'autrefois. Sidney Webb, l'historien du *Trade Unionism*, considère la grève générale comme une conception née d'un accès de lièvre de croissance dans le mouvement ouvrier.

Section II

Ce n'est pas seulement une grève générale, c'est l'image d'une grève internationale, d'une grève mondiale que l'état-major des socialistes de tous les pays, réuni au Congrès de Paris en 1889, a voulu évoquer devant la bourgeoisie, en décrétant, pour chaque année, le chômage du 1er mai, afin de revendiquer la journée de huit heures, et de formuler les cahiers du quatrième Etat. L'exemple était venu des Etats-Unis, où les ouvriers avaient eu l'idée d'organiser, en mai 1886, un mouvement d'ensemble, et se flattaient d'imposer les huit heures aux chefs d'industrie. Les Chevaliers du Travail ne prirent part qu'à contre-cœur à cette agitation qui eut à Chicago, foyer du jeune parti anarchiste, un dénouement sanguinaire. Généralisée en Europe, la démonstration du 1er mai effraya tout d'abord, puis devint bientôt insignifiante, sauf en Russie, durant ces dernières années. Las de perdre une journée de salaires, les travailleurs des usines qui la célébraient, choisirent de préférence le premier dimanche de mai ; et « de protestation contre les exploiteurs, cela devint un jour de fête, octroyé par les exploiteurs eux-mêmes, se passant en déclamations et en pèlerinage vers les pouvoirs publics [5]. » Le récent congrès d'Amsterdam a cru devoir rappeler les socialistes à une plus stricte observance.

L'année suivante (1890), commençait en Belgique l'agitation pour le suffrage universel. Quoique très actif, le parti socialiste belge était sans argent, presque sans journaux, sans influence électorale, par suite du système censitaire, sans représentants dans les corps élus. Selon la méthode allemande, il exerçait surtout sa propagande parmi les ouvriers enrégimentés de la grande industrie : on résolut de les mobiliser. Le 10 mai 1891, cent mille ouvriers désertaient les mines du Borinage. Puis ce furent, les, années suivantes, de nouvelles grèves politiques, et, à Bruxelles, des processions gigantesques. Enfin un projet de modification de la Constitution fut soumis à la Chambre ; mais les projets sur le mode de votation étaient rejetés les uns après les autres. Le comité socialiste mit un terme aux indécisions de la majorité de la Constituante en décrétant, le 2 avril 1893, la grève générale. Ateliers et mines se vidèrent aussitôt dans les districts miniers, à Bruxelles, à Louvain, à Anvers, à Mons, où il y eut quelques morts et plusieurs blessés. Des attentats furent commis contre M. Woeste, l'un des chefs du parti catholique, contre le bourgmestre Buis. La grève ne dura guère plus de quarante-huit heures. La Chambre résignée adopta le projet Nyssens, l'universalité du suffrage, mais avec le mode plural. C'était une innovation dans le droit public européen. La loi belge cherchait à remédier à ce que le suffrage universel a d'aveugle et d'instable ; elle exigeait la résidence, établissait le système proportionnel, elle fixait l'âge de l'électeur à vingt-cinq ans, tenait compte de la famille, de la capacité et de la fortune ; les deux voix données à l'homme marié peuvent être considérées comme une ébauche du suffrage des femmes.

Les socialistes belges durent se contenter de ce demi-succès, dont ils tiraient gloire ; mais ils n'étaient pas maîtres de la situation. Les libéraux, la petite bourgeoisie, le roi lui-même, désiraient la fin du régime censitaire. Nombre de patrons avaient été les premiers à conseiller le chômage aux ouvriers [6].

Cependant, grâce à la nouvelle loi électorale, les socialistes avaient pénétré à la Chambre. En 1898, une simple menace de renouveler la grève générale suffit à renverser le ministère Vandenpeereboom, qui avait tenté de remanier la loi électorale, dans un sens jugé plus avantageux aux intérêts conservateurs. Il s'agissait au contraire pour les socialistes de substituer au vote plural le suffrage pur et simple.

En avril 1902, ils jugèrent le moment propice et tentèrent de renouveler la tactique de 1893. Le mouvement commençait par une émeute suscitée à Shaerbeck, faubourg de Bruxelles, par les *jeunes gardes* socialistes, spécialement chargés de la propagande antimilitariste. Le mercredi 14 avril, la grève générale était déclarée. Trois cent cinquante mille ouvriers répondirent' à l'appel, avec ce programme : « Un homme, un vote. » Loin de se laisser effrayer, la Chambre écarta la révision par 82 voix contre 64. Les socialistes décrétèrent la continuation de la grève qui semblait tourner à la révolution. A Louvain les grévistes assiégèrent la maison de M. Schollaert, président de la Chambre : la garde civique tua huit des leurs et en blessa quinze. Le 20 avril, sur un ordre du comité socialiste, tout rentrait dans l'ordre.

Ce mouvement populaire, le plus important qui se soit produit en Belgique depuis 1830, ne fut qu'une folle et désastreuse aventure. Les ouvriers avaient vainement sacrifié leurs salaires. Le gouvernement n'avait point cédé. On s'en prit aux auteurs responsables, les chefs socialistes ; leur héroïsme ne fut pas éclatant. L'un d'eux, assurait-on, un soir de manifestation qui pouvait dégénérer en bataille, assistait, au théâtre de la Monnaie, à une représentation de Wagner. Tandis que les uns reprochaient au comité d'avoir suscité la grève, d'autres l'accusaient de s'être arrêté à mi-chemin. A quoi les meneurs répondaient que de nouveaux massacres étaient à craindre, et qu'en cas de révolution triomphante, une intervention étrangère se serait produite. Mais la révolution n'était qu'un rêve ; la débandade était proche, une lutte était sur le point d'éclater entre les grévistes et les non-grévistes qui avaient hâte de reprendre le travail.

Les social-démocrates de Berlin se montrèrent sévères pour leurs élèves, les socialistes belges : Votre grève, leur disaient-ils, est le parfait modèle de la grève telle qu'il ne faut pas la faire, et nous n'admirons que le bon ordre de votre retraite. Ce sont les têtes et non les bras qu'il s'agit de révolutionner. Et le journal socialiste *le Peuple*, de Bruxelles, écrivait le 5 mai : « La classe ouvrière tirera profit de la terrible leçon qui lui a été infligée. De plus en plus elle délaissera la tactique révolutionnaire des Français, pour aller vers les méthodes réfléchies d'organisation et d'éducation de la social-démocratie allemande, avant-garde du socialisme mondial. »

Le parti ouvrier belge ne s'est pas encore relevé de cette défaite [7]. Le fruit de dix années d'agitation a été compromis en quelques jours. Les socialistes belges ont soulevé l'opinion contre eux. Aux élections partielles qui suivirent, ils perdirent sept sièges à la Chambre. La grève avait rompu leur alliance avec les libéraux. Mais ils estiment que les libéraux, s'ils conquièrent le pouvoir, ne pourront se passer deux.

Section III

Deux autres grèves eurent lieu cette même année, en Espagne et en Suède, avec des caractères bien différents.

La grève de Barcelone, en février 1902, fut l'œuvre des autonomistes et des anarchistes, qui semblent avoir choisi cette malheureuse ville pour quartier général. Chaque fois qu'une grève éclate en Espagne, les anarchistes la transforment en un tumulte sanguinaire. C'est une méthode. A Barcelone, les ouvriers métallurgistes avaient rompu avec les patrons sur une question de salaires. Aussitôt les anarchistes généralisent la grève, avec une absence voulue, systématique, de motifs particuliers et de griefs de détail. Ils espéraient, grâce à la connivence des séparatistes, soulever la Catalogne, puis toute l'Espagne, d'un élan spontané, cela sans préparation aucune.

Ils réussirent à rendre la grève générale dans toute la force du terme. Ils coupèrent les conduites d'eau, de gaz, les fils télégraphiques et téléphoniques, pillèrent les boulangeries, les caves, les magasins à grains, les boutiques de comestibles, empêchèrent les approvisionnements en pain et en viande ; ils furent pendant un jour maîtres de toute la ville et commirent toute sorte d'excès et de violences.

Les socialistes s'étaient tenus à l'écart de cette grève qu'ils jugeaient criminelle et stupide, car elle n'eut d'autre résultat que de porter atteinte à la liberté de coalition. Pablo Iglesias, le plus marquant parmi les social-démocrates espagnols, écrivit, dit-on, aux Trade-Unionistes pour les dissuader d'envoyer des secours d'argent aux grévistes catalans. Les anarchistes le notèrent d'infamie.

La grève de Stockholm fut une simple mise en scène, pour exprimer la volonté des travailleurs d'obtenir le suffrage universel. Cent vingt mille ouvriers firent des démonstrations pacifiques et ordonnées, dans les principales villes de Suède, pendant deux ou trois jours. La capitale fut privée de journaux et mal éclairée. La Chambre législative se borna à déclarer insuffisant le projet présenté par le gouvernement, et à obtenir la promesse d'un nouveau projet ayant pour base la représentation proportionnelle, l'électorat à vingt-cinq ans, l'égalité des villes et des campagnes. Les socialistes suédois n'ayant pas encore reçu satisfaction, songent à reprendre leurs promenades à travers les rues et les places de leurs cités industrieuses.

Puis vint le tour des Hollandais. La Hollande n'est dotée ni du suffrage universel, ni de l'école obligatoire. Bien qu'elle n'eût pas le droit de suffrage pour objet, la grève de Pâques 1903 fut pourtant politique, car il s'agissait d'obliger la Chambre à repousser un projet de loi qui supprimait le droit de grève pour les employés de chemin de fer et d'autres employés de l'Etat, et qui contenait des dispositions draconiennes, destinées à assurer la liberté du travail. C'est à la suite d'une grève soudaine et victorieuse des dockers et des employés des gares d'Amsterdam, singulièrement préjudiciable aux intérêts nationaux et internationaux que ce projet de loi avait été soumis aux Chambres.

Les anarchistes, très puissants en Hollande dans les syndicats, obligèrent les socialistes à se déclarer pour la grève générale. Soixante mille ouvriers, dont trente mille à Amsterdam, désertèrent les gares et les docks. Tous les magasins durent fermer dans les quartiers riches de la ville ; on s'approvisionnait sur les marchés des quartiers pauvres, où le prix des aliments monta très vite. La réserve de gaz s'épuisa. Cela n'empêcha point les flegmatiques députés de voter tranquillement la loi par 81 voix contre 14. Socialistes et meneurs ouvriers firent cesser la grève d'un commun accord, malgré les protestations indignées des anarchistes qui crièrent à la trahison.

La grève fut un désastre pour le syndicat des chemins de fer. Un millier de ses membres resta sur le pavé. Partisans théoriques de la grève générale, les députés socialistes de Hollande, après l'avoir éprouvée, en sont devenus les adversaires acharnés.

Section IV

Jamais grève n'avait été jusqu'alors aussi généralisée, aussi ponctuellement exécutée, que la grève italienne du 16 septembre 1904. La cause apparente, l'occasion ou le prétexte, c'étaient les conflits de Buggerù, en Sardaigne, et de Castelluzzo en Sicile, entre les ouvriers et la troupe ou la gendarmerie, qui avait fait usage de ses armes : motif aussi légitime que si tous les chefs d'industrie fermaient les usines, chaque fois qu'un ouvrier poignarde un contremaître ou tire sur un patron. En réalité cette grève d'indignation collective cachait, de l'aveu même des socialistes [8], une « combinaison » machiavélique : renverser Giolitti, ramener l'unité dans le parti socialiste, en obligeant les réformistes à suivre le mouvement.

Des réjouissances publiques répondaient à l'annonce de la naissance d'un prince royal, et on se préparait à fêter l'anniversaire de l'Unité italienne, le 20 septembre, lorsque la grève ; fut décidée à Milan, dans la nuit du 14, à la suite des discours, à la Chambre du travail de Milan, de deux intellectuels de marque, Arturo Labriola et Mocchi, mari de la prima donna ; du théâtre de la Scala. L'ordre de mobilisation fut donné aussitôt, dans toute l'Italie, par le *secrétariat de résistance*, et des Alpes à Syracuse, dans 900 villes, parmi lesquelles les plus importantes, Turin, Rome, Milan, Gênes, Naples, un : million de travailleurs déposèrent leurs outils et quittèrent leurs ateliers. La grève dura du 17 au 19 septembre et cessa, comme elle avait commencé, à heure dite.

Partout la vie sociale fut arrêtée. Il n'y eut plus ni gaz, ni électricité, ni tramways, ni trains, ni service postal. Les employés de chemins de fer, et en général les employés de l'État avaient refusé de se solidariser avec les grévistes, mais les femmes et les enfants empêchaient les trains de partir en se couchant sur les rails. On obligeait tous les magasins à fermer, même les pharmacies.

Aucune voiture ne pouvait circuler, pas même celles des médecins des ambulances et des pompes funèbres. Portefaix, chômeurs et badauds se gaussaient, des voyageurs obligés de traîner leurs malles.

Mais, la grève ne se bornait pas à des spectacles plaisants. On assistait à des scènes de dévastation sauvage et de méchanceté plus que bestiale. Les kiosques étaient renversés, les becs de gaz, brisés. A Venise, on jetait dans le canal le lait destiné aux enfants et aux malades des hôpitaux. On assassinait dans les rues ténébreuses de Gênes. Le Nord montrait plus de férocité que Naples ou la Sicile. C'était le règne de la *Teppa*, cette camorra des ruffians et des apaches [9].

A Milan, la Chambre du travail, au nom du prolétariat, s'était emparée des pouvoirs publics et dirigeait les services administratifs de la ville. Elle avait publié un ukase supprimant tous les journaux, même socialistes. Il n'y eut plus qu'une seule gazette, le *Bolletino dello Sciopero*, le bulletin de la grève, écrit sur le ton du despotisme le plus insolent. Trois cents cyclistes, portant un brassard rouge, couraient par toute la ville porter les ordres du Comité, qui dut organiser une police contre les anarchistes.

Il serait malaisé de dresser, même de façon approximative, le bilan de cette grève : soldats blessés, ouvriers tués, passants dévalisés ou poignardés, propriétés dévastées, journées de travail perdues, affaires partout arrêtées, touristes éloignés, au moment de la plus grande affluence, etc., etc. Quant aux bénéfices, ils se réduisirent à une réponse de M. Giolitti au maire de Turin, par laquelle le gouvernement promettait de respecter la liberté dans les conflits entre patrons et ouvriers. Au lieu de convoquer la Chambre, M. Giolitti s'était empressé de la dissoudre, afin que les électeurs votassent sous l'impression de la grève qui leur avait donné un avant-goût de la société future. Les socialistes ont pu maintenir leurs positions à la Chambre ; ils ont même gagné 300 000 voix dans les provinces agricoles. Mais toutes les villes où ils ont régné seulement vingt-quatre heures se sont retournées contre eux, et Milan vient de les chasser du Conseil municipal.

La grève d'Italie a donné lieu à des discussions et à des dissertations sans nombre entre socialistes. M. Jaurès trouve un grand motif de satisfaction dans ce fait que le prolétariat a montré sa force en suspendant la vie économique de tout un pays : la grève générale annonce une force nouvelle, « légale et pacifique, » d'action prolétarienne. Elle permet au prolétariat de « s'affirmer lui-même. » De cette grève, le chef des réformistes, M. Turati, apprécie surtout la brièveté ; c'est déjà trop qu'elle ait duré trois jours ; les habitants fatigués applaudissaient aux arrestations. Son rival, M. Labriola, voit dans la grève la meilleure arme *politique* de défense et d'attaque contre la société bourgeoise. C'est la répétition générale de la révolution de demain. Les stratégistes enfin se sont livrés à une critique approfondie de cette grève, comme s'il s'agissait des grandes manœuvres. Ils nous ont esquissé la silhouette de la grève considérée comme œuvre d'art. La grève n'a pas été assez simultanée ; il faudrait obtenir l'exactitude d'un mouvement d'horloge. On devra désormais se tenir à l'écart des anarchistes, organiser contre eux une forte police. Il importe d'établir la nomenclature des métiers appelés à chômer, et d'examiner le point important de savoir si les domestiques privés doivent se joindre aux grévistes. L'hygiène publique sera sauvegardée, les rues seront balayées, les malades assistés, et les morts transportés. Enfin il est essentiel d'étudier dans les grèves générales la question alimentaire. On peut à la rigueur se passer de journaux, de chemins de fer, d'éclairage ; mais on ne peut se passer de vivres. Les bourgeois se tireront toujours d'affaire ; c'est le prolétariat qui se trouve dans l'alternative ou de mourir de faim par suite de renchérissement [10], ou de se livrer au pillage. De grandes coopératives, organisées comme un service d'intendance, devront pourvoir aux subsistances de la classe ouvrière. Et il est utile que les ouvriers se persuadent qu'il serait vraiment trop commode de changer le monde en trois jours de grève.

Section V

Mais que sont toutes ces grèves, sinon des tempêtes dans un verre d'eau, comparées au cyclone qui traverse, actuellement, l'Empire des tsars du Caucase à la Finlande, de la Pologne à la Sibérie, et dont nul ne saurait calculer les ravages ?

L'immense empire, avec ses cent vingt millions d'habitants, contient les éléments les plus disparates : Asiatiques à demi barbares, moujiks plongés dans l'ignorance, nationalités rebelles, communautés juives réfractaires à toute assimilation, classes moyennes sans influence, noblesse divisée en autocrates et en libéraux, prolétariat intellectuel enivré de science et d'utopies occidentales, ouvriers de fabrique accumulés dans les villes industrielles. Le développement de la grande industrie a fait perdre à la Russie son caractère d'État presque exclusivement agraire. Partout où s'élève la longue cheminée d'usine, se prépare la paroisse socialiste.

Malgré ces transformations, le système de gouvernement religieux et patriarcal s'est maintenu presque intact, en dépit des efforts tentés pour le renverser. Le parti terroriste s'inspire du révolutionnarisme français de 1848, du *blanquisme* : il s'était donné pour mission de soulever l'énorme masse paysanne. L'état-major terroriste se recrute en grande partie parmi la noblesse : ses propagandistes se rencontrent parmi les médecins de village, les statisticiens des zemstvos (conseils généraux), les instituteurs, voire les propriétaires terriens. Ses comités exécutifs procèdent par attentats, par exécutions, destinés à terroriser le pouvoir et à frapper, à enflammer les imaginations populaires.

Tout autre est la méthode des social-démocrates, dressés à l'école des théories marxistes et de la tactique allemande. Ils rejettent le blanquisme, les conspirations, les coups de main, par lesquels une minorité audacieuse cherche à renverser l'ordre établi et à s'emparer du pouvoir, et ils organisent *l'action des masses ouvrières* déjà façonnées à la discipline, et préparées à une commune entente par la vie de fabrique : il ne s'agit plus que de leur donner « la conscience de classe, » afin de les engager dans la lutte de classe.

Les social-démocrates, au début, étaient réduits à une propagande d'homme à homme ; puis ils formèrent de petits cercles d'études. Plus les fabriques s'étendaient, plus ils gagnaient du terrain. Privés de journaux, du droit de réunion, ils agissaient par les grèves. Ils dirigèrent la grève énorme des textiles de 1896 à 1897, à Pétersbourg, grève qui fut réprimée avec une rigueur parfois sanglante. Dans les revendications des ouvriers, ils mirent au premier plan les exigences politiques, condition essentielle de l'émancipation économique. En

1901, aidés par la jeunesse universitaire, ils suscitèrent, à l'occasion du 1er mai, des démonstrations en masse, qui se propagèrent jusqu'à Tomsk et à Tobolsk en Sibérie. En 1903, ils réussirent à mettre en branle une gigantesque mobilisation ouvrière, par corps d'armée de centaines de mille hommes, qui rappelle le mouvement chartiste. Commencée à Rostow sur le Don, l'épidémie de grèves gagna la Russie méridionale, jusqu'au Caucase. Ces soulèvements prolétariens n'aboutissaient cependant à aucun résultat visible, lorsque éclata la guerre russo-japonaise. Les premières défaites, les déceptions, les désillusions, le mécontentement qui suivirent offraient une occasion unique de reprendre cette campagne, avec des chances de succès inespérées.

La grève générale qui éclatait à Pétersbourg dans la troisième semaine de janvier, eut une origine d'apparence insignifiante. Trente-quatre ouvriers sont renvoyés de la fabrique Poutiloff. Leurs camarades exigent leur réintégration et l'expulsion d'un contremaître : la direction refuse. Les ouvriers remerciés faisaient partie d'une association dirigée par un jeune pope, Georges Gapone, aumônier des prisons.

Cette association jouissait de la faveur gouvernementale. Elle s'était fondée conformément au rescrit du 28 février 1904, qui permettait aux ouvriers de constituer des unions (sobraniés) pour améliorer les conditions du travail et la vie ouvrière. Fondées par Soubatoff, un des agents de M. de Plehwe, les unions autorisées avaient pour but de séparer les ouvriers des intellectuels, des social-démocrates. Elles étaient considérées par ces derniers avec la même défiance, la même hostilité, que les syndicats constitués selon la loi de 1884, due à M. Waldeck-Rousseau, et stigmatisée comme un instrument de police, une mainmise du gouvernement sur les associations ouvrières. L'entente entre Gapone et les autorités était parfaite. Il parlait dans les meilleurs termes de M. de Plehwe, lorsque celui-ci était préfet de Moscou. Il appartenait au parti des indépendants, des *zoubatovetz*, autrement dit des *jaunes*. Il jouait un rôle et il allait bientôt jeter le masque. Ce meneur était complice de la propagande des social-démocrates, qui s'exerçait parmi les six mille membres de son association. On doit lui reconnaître de singulières aptitudes à comprendre et à manier l'âme des foules.

Les ouvriers de l'usine Poutiloff qui se rattachaient au cercle de Gapone, entraînèrent à la grève leurs treize mille camarades. Les ouvriers des arsenaux se joignirent à eux. Gapone organisa la pétition des cinquante mille signatures et la démonstration du 9/22 janvier, qui eut une si fatale issue. D'économique, la grève devenait politique, voire révolutionnaire.

On a raconté ici même cette journée tragique, appelée peut-être à marquer une date dans l'histoire de la Russie [11].

La fusillade du 22 janvier, la supplique et l'anathème de Gapone ne sauraient du reste expliquer la généralité de la grève qui de Pétersbourg a gagné toutes les villes industrielles de l'Empire. Ces grèves générales ont pour cause les événements antérieurs, les transformations économiques, la propagande socialiste, la fermentation générale des esprits, l'agitation des nationalités et les conflits de religions et de races entre Russes orthodoxes, Juifs, Finlandais, Polonais, Arméniens, Musulmans. Ces grèves ont dépassé en étendue et en sauvagerie toutes les précédentes, particulièrement à Lodz, à Varsovie, dans les villes du Caucase. Eteintes au bout de quelques jours, par la nécessité où se trouvent les ouvriers de reprendre le travail, afin de ne pas mourir de faim, elles se rallument presque aussitôt, malgré la rigueur impitoyable de la répression. Si la grève gagnait les employés du chemin de fer transsibérien, elle susciterait les plus graves conséquences pour la conduite de la guerre. Ces grèves générales, partout où elles éclatent, suspendent les services publics. Il est impossible d'en prévoir l'issue.

S'il ne s'agissait que de réformes économiques, les travailleurs obtiendraient sans doute de partiels avantages. Le gouvernement russe n'a pas d'ailleurs attendu jusqu'à cette heure pour entrer dans la voie de la protection du travail [12], et le Tsar, par son rescrit du 25 décembre 1904, par sa promesse d'assurances ouvrières, s'est déclaré prêt à persévérer. Mais la grève politique, dans l'esprit des meneurs, vise bien au-delà. Il ne s'agit même pas d'obtenir un gouvernement libéral : où en seraient les éléments ? La situation n'est plus la même qu'en 1789 ou en 1848. Le rôle de la bourgeoisie est partout à son déclin. La Russie, disent les socialistes, est appelée à passer sans transition du tsarisme patriarcal à la dictature prolétarienne [13].

Cette révolution, ce n'est pas le peuple russe qui l'a préparée et qui l'exige ; c'est l'Internationale pangermaniste qui veut la lui imposer, au moyen de l'action terroriste à laquelle Gapone vient de faire un si furieux appel, et des classes ouvrières déracinées par la grande industrie et endoctrinées selon la méthode allemande. Il s'agit d'abattre le Tsar et le Pape, ces deux derniers représentants du Principe d'autorité, ces deux colosses, qui barrent le chemin. « La Révolution, écrivait Karl Marx, brisera la Rome de l'Occident : elle anéantira aussi l'influence diabolique de la Rome de l'Orient. » Les socialistes internationaux saluent toute défaite de l'armée russe, tout désordre dans l'Empire, comme un gage de victoire pour la Révolution sociale de tous les pays [14].

Ce que serait cette révolution pour le peuple russe, il est aisé de le prédire : ce serait l'anarchie complète. Comparé à cette anarchie, le despotisme apparaîtrait comme un bienfait. C'est ce qu'entrevoit le regard mystique de Tolstoï, aussi clairement que la lucide intelligence politique de Macaulay, lors de l'agitation chartiste. Le suffrage universel présuppose l'éducation universelle, disait Macaulay, — et la moralité universelle, ajoute Tolstoï. « Il n'y a, disait-il récemment, qu'une partie du peuple russe qui songe à la révolte. En recourant à la force pour remédier à ses maux, le peuple se rendrait aussi coupable que les troupes de l'Empereur. La Russie ne peut attendre de réformes ni grandes, ni vraiment utiles, de ce côté. »

Section VI

Ce rapide exposé des grèves politiques qui se sont succédé en Europe depuis 1842, avec une fréquence et une intensité croissantes, mais avec d'énormes gaspillages, et, jusqu'à présent, sans succès décisif, nous permettra de nous orienter à travers l'enquête entreprise par le *Mouvement socialiste* [15], auprès des théoriciens et des meneurs de tous les pays.

On retrouve, dans presque toutes ces grèves, les deux tendances qui divisent les partis socialistes en réformistes et en révolutionnaires. Sans doute, tous sont verbalement d'accord sur le but final : la destruction de la société capitaliste et sa transformation en société collectiviste. Mais ils diffèrent sur la méthode, nous dirions plutôt sur la mesure et le rythme. Les réformistes ne croient qu'à l'efficacité des étapes légales et graduées vers la conquête des pouvoirs publics. Les révolutionnaires ne visent qu'à des poussées de plus en plus rapprochées, et de plus en plus violentes, pour renverser l'ordre établi.

Tant que les socialistes ne disposaient pas du suffrage universel [16], ou lorsque ce suffrage restait encore sourd à leur propagande, ils ne différaient guère des anarchistes, du moins quant à leur foi en l'action révolutionnaire. Mais depuis qu'ils ont réussi à pénétrer dans les corps élus, deux courants se sont dessinés, qui tendent à s'écarter de plus en plus, entre les politiciens d'un côté et les syndicaux de l'autre.

Ceux-ci témoignent une défiance et une hostilité de plus en plus marquées aux politiciens. Révolutionnaires lorsqu'ils ne pouvaient pénétrer à la Chambre, prodigues en prophéties d'une révolution à brève échéance, les politiciens s'efforcent aujourd'hui de persuader aux ouvriers que leur intérêt est de les maintenir au pouvoir et d'accepter la hiérarchie des capacités qui met les travailleurs sous la direction des hommes politiques. Le rôle de ces intellectuels de la bourgeoisie, accourus au socialisme pour en prendre la direction, est fort analogue à celui des courtisans d'ancien régime [17]. « Laissez-nous jouir, disent-ils à la classe ouvrière, des avantages inhérents à la qualité de député et nous vous émanciperons progressivement, à petits pas, et par petits profits successifs. Le salut vous viendra de vos élus. Mais surtout, pas de troubles, pas de grèves insurrectionnelles, qui aillent compromettre et traverser notre action politique. »

Par là, dans l'opinion des militants ouvriers, les politiciens cherchent à énerver la classe ouvrière, à la berner par leur rhétorique, à la bercer d'espoirs factices, à la déshabituer de l'action périlleuse. — Et quels sont les résultats obtenus ? Alliés des partis bourgeois au pouvoir, comme en France, ils participent à la corruption, à la servitude des candidatures officielles, ils envoient les soldats sur les champs de grèves. Isolés dans l'opposition, comme en Allemagne et dans les autres pays, les socialistes au parlement sont réduits à l'impuissance.

Les syndicalistes révolutionnaires croient avoir trouvé dans la grève générale le genre d'action destiné à remplacer l'action politique. C'est ce qu'ils appellent *l'Action directe*. Tandis que le mouvement politique appelle à lui les éléments les plus hétérogènes, les intellectuels, les déclassés, les décadents, les ambitieux de la bourgeoisie, la grève générale est l'œuvre exclusive des classes ouvrières, et c'est ce qui fait sa force : même lorsqu'il ne s'agit que de la conquête des améliorations de détail, la grève, d'après les syndicaux, est autrement féconde que les efforts des parlementaires, pour acculer les pouvoirs publics à une intervention en faveur des exploités. C'est par la seule poussée de la grève générale que les travailleurs s'émanciperont du joug capitaliste et gouvernemental, et sortiront du salariat.

Cette thèse est très bien expliquée par un syndicaliste révolutionnaire, M. Pouget [18]. La grève générale, dit-il, n'a pas un blason idéologique, elle n'a été inventée ni par un théoricien socialiste, ni par un philosophe. Elle s'est fait jour dans les premiers congrès de l'Internationale, elle a été acclamée dans tous les congrès corporatifs en France, depuis 1892. On objecte qu'elle n'est acceptée que par la minorité des ouvriers. « Mais la minorité ne peut pas renoncer à ses exigences et à ses droits par égard à la masse. Et qu'on ne dise pas que c'est là un acte égoïste. Les militants sont victimes des entrepreneurs qui les chassent. Leur activité n'a jamais un but individuel ou particulariste ; elle est toujours une manifestation de solidarité ; et l'ensemble des ouvriers, bien qu'ils n'y participent pas, jouissent aussi des avantages obtenus. Il y a une différence puissante entre *syndicalisme* et *démocratie*. La démocratie, par le mécanisme du suffrage universel, donne la domination aux ignorants et aux retardataires et opprime la minorité qui porte en elle l'avenir. La tactique de combat syndicaliste produit un résultat tout opposé. *Elle n'a aucun égard à la masse*, qui ne veut pas vouloir, et met au premier rang ceux qui sont décidés à agir. »

Ainsi, tandis que les syndicaux révolutionnaires reprochent aux socialistes parlementaires de vouloir constituer dans le mouvement socialiste une élite dirigeante, égoïste et privilégiée, ils prétendent eux-mêmes s'arroger les droits d'une élite, mais d'une élite désintéressée, persécutée, qui se sacrifie pour la masse. M. Gabriel Deville, jadis révolutionnaire ardent, converti désormais

à l'opportunisme parlementaire, met en relief cette contradiction :
« La théorie des syndicaux révolutionnaires, écrit-il, est la même que
celle de l'absolutisme éclairé. Les militants se considèrent comme
supérieurs à la masse, et arrivent à constituer une aristocratie,
avec tous les défauts inhérents à cette classe. Ils veulent conduire
par la lisière les travailleurs dans leur intérêt, et n'attendent, pas
qu'ils s'affranchissent eux-mêmes. La minorité s'attribue le devoir
d'imposer à la majorité un bonheur à sa façon [19]. »

D'après M. Deville, on ne saurait rien imaginer de plus contraire
à l'esprit démocratique qui anime les ouvriers. Ce qui prouve
cet esprit, c'est que la plupart des grèves politiques visent à
l'établissement du suffrage universel. Mais, le suffrage universel
une fois conquis, l'action révolutionnaire n'a plus de raison d'être.
Par l'universalité du suffrage, au régime des classes succède le
régime des majorités. Dès lors, aucun obstacle ne s'oppose à
la marche légale du socialisme qui doit s'engager dans l'action
réformiste, en respectant, tant qu'elle existe, la légalité, œuvre de la
volonté commune. Les socialistes doivent tenir compte des intérêts
généraux de la société : dès lors, la révolution devient impuissante,
anarchiste, rétrograde [20], et la grève générale, non seulement
superflue, mais nuisible et dangereuse.

Dans une démocratie, on ne peut rien sans le plus grand nombre :
l'échec de toutes les grèves générales tient à ce fait qu'elles furent
l'œuvre de minorités restreintes. C'est pour ce motif que les
tentatives de grève générale en France, celle des chemins de fer en
1898, celle des mineurs en 1901, avortèrent [21] : la majorité même
de la corporation s'était déclarée hostile. Presque toutes les autres
grèves que nous avons énumérées avaient contre elles la population
et par conséquent l'armée, et devaient fatalement échouer. Seule
la grève de Belgique, en 1893, aboutit à un succès partiel, parce
qu'elle était soutenue par l'opinion. Les autres grèves étaient sans
issue. Bien loin d'affamer la bourgeoisie en la jetant sur le radeau
de la Méduse, les ouvriers s'affamaient eux-mêmes.

Aussi les politiciens socialistes considèrent-ils que la grève à
visées révolutionnaires, dans les pays pourvus d'un parlement
représentatif, est une chimère, une utopie : grève générale, bêtise
générale, *Generalstreik, Generalunsinn* ! Ce vœu de grève générale,
remarquent-ils, est en proportion inverse de la capacité pour la

conduire victorieusement. C'est une fantaisie d'ouvriers mal organisés, mal disciplinés. Ceux qui en ont fait l'épreuve sont devenus sceptiques sur son efficacité.

La grève générale ne saurait donc se substituer, comme le voudraient les anarchistes et les syndicaux exaltés, à l'action électorale et parlementaire, dont la mission est de conquérir la majorité et par conséquent les pouvoirs publics, et de tuer la société bourgeoise par la légalité même qu'elle a établie.

Mais l'idée de grève générale est si populaire dans les milieux ouvriers, en raison même des déceptions que l'action politique cause à leurs impatiences, que les socialistes parlementaires sont bien obligés d'en tenir compte. Ils écartent la grève considérée comme prélude et prologue de la Révolution. Elle ne peut remplacer l'action politique, mais elle peut la seconder. Afin d'éviter toute confusion avec les anarchistes, ils baptisent la grève générale, ainsi entendue, d'un nouveau nom : *der politische Massenstreik*, la grève politique des masses.

Les masses ouvrières organisées, par une simple menace de mobilisation, peuvent appuyer très utilement, disent-ils, les socialistes au parlement, car ceux-ci seront d'autant plus forts pour négocier avec les partis bourgeois. Mais la grève politique doit avoir pour objet soit une extension du suffrage, soit un rappel des réformes promises par une majorité oublieuse, soit même la défense de la légalité, si par exemple le suffrage universel était supprimé par un coup d'État, éventualité menaçante en Allemagne. Il faut, en un mot, que le but poursuivi passionne les classes ouvrières, obtienne les sympathies de l'opinion et n'ait rien de chimérique [22]. Elle doit se réduire finalement à une simple démonstration de la rue, recruter ses adhérents dans les grands centres industriels où les ouvriers sont dressés à une forte discipline, être enfin aussi courte que pacifique [23].

Tel est le sens, sinon le texte un peu ambigu de la motion votée au congrès d'Amsterdam. Elle condamne la théorie anarchiste d'après laquelle l'émancipation de la classe ouvrière pourrait résulter d'un effort subit. La grève politique, afin d'aboutir, doit être une prime à l'organisation syndicale, et le résultat d'une intime entente entre le mouvement syndical et le mouvement parlementaire.

Mais cette entente est loin d'exister. Les interminables polémiques au sujet de la grève générale sont l'expression d'une mésintelligence, inutile à nier, entre les deux mouvements ouvriers, politique et corporatif. Celui-ci ne demanderait pas mieux que de se rendre indépendant de celui-là. En France et en Hollande, l'organisation politique et l'organisation ouvrière sont en perpétuelle hostilité. La même antipathie, moins avouée, règne en Allemagne et en Angleterre. Dans ce dernier pays, les organisations politiques, qui s'efforcent d'acquérir de l'influence sur les *Trades Unions*, n'ont eu qu'un succès médiocre [24]. Cette querelle reflète l'antagonisme du socialisme bourgeois et du socialisme ouvrier, la lutte de classes au sein même des partis populaires. Si bien, comme le dit M. Paul-Louis, que la question n'est pas de savoir comment tes politiciens socialistes divisés rétabliront entre eux l'unité durable, mais comment ils marcheront d'accord avec les syndicats et les Bourses du Travail, avec les militants ouvriers animés du sentiment révolutionnaire, beaucoup moins satisfaits que les politiciens, commodément installés dans leurs fauteuils de députés.

Constatons, en terminant, que les ouvriers d'Angleterre et d'Amérique, ceux-là mêmes dont le degré d'éducation et d'organisation est le plus élevé, ont depuis longtemps abandonné l'idée de grève générale, dont le succès laisserait l'industrie dans le plus redoutable désordre [25].

Le sort de la classe ouvrière suit le progrès de la grande industrie. L'industrie est d'autant plus prospère, elle attire d'autant plus les capitaux, qu'elle subit moins d'entraves, soit par l'effet de la législation, soit par le fait de grèves inconsidérées, de grèves désastreuses.

Notes

1.   Le Mouvement socialiste.

2.   Mommsen, Histoire romaine, L. II, C. II.

3.   Lettres de Mérimée ; de Londres, le 25 mai 1835. — Notes sur Prosper Mérimée par Félix Chambon, 1903, Dorbon.

4.   The People's Charter, dans le recueil des Speeches.

5.	Jean Grave, l'Aurore du 24 octobre 1894.

6.	Encouragés par l'exemple des Belges, les socialistes autrichiens, secondés par les radicaux et les jeunes Tchèques, songèrent à déclarer en octobre 1893 une grève générale, en vue de faire aboutir le projet du comte Taaffe, favorable, quoique conservateur, au suffrage universel. Mais le comte Taaffe fut remplacé par un ministère de coalition. Le doctrinarisme des chefs et l'opposition des partis bourgeois empêchèrent de proclamer la grève.

7.	Vliegen, Enquête sur la grève générale.

8.	L'Humanité du 27 septembre 1904.

9.	Voyez, dans le Journal des Débats du 12 octobre, les impressions si vivantes et si colorées de M. Gebhart, témoin de la grève.

10.	A Gênes, pendant la grève, le pain valait 1 fr. 60 le kilo.

11.	Voyez la Chronique politique du 1er février.

12.	1882, Protection ouvrière ; 1884, Inspection du travail ; 1885, Règlement du travail ; 1886, Questions de salaires.

13.	B. Kritchewsky : le Prolétariat et la Révolution en Russie, Mouvement socialiste du 1erfévrier 1905 ; — Rosa Luxembourg : la Révolution en Russie, Vorwaerts du 9 février 1905.

14.	Le Socialiste, du 5 au 12 février 1905.

15.	De juin à décembre 1904.

16.	Et c'est aujourd'hui le cas en Russie.

17.	Ce point de vue est développé dans la brochure de M. G. Sorel, l'Avenir socialiste des Syndicats, Paris, 1898, qu'il est indispensable de lire pour l'intelligence du mouvement ouvrier.

18.	Dans la Voix du Peuple, journal officiel de la Confédération générale du travail, et dans l'enquête du Mouvement socialiste.

19.	Sozialistische Monatshefte, janvier 1905.

20.	Joseph Sarraute, discours au Congrès de Bordeaux, mai 1903 ; — Socialisme d'opposition et Socialisme de gouvernement. Librairie Jacques, 1902.

21.	Et l'on pourrait prédire le même insuccès au mouvement organisé par la Confédération générale du travail, à la date du 1er mai 1906, pour conquérir la journée de huit heures.

22.	Le Peuple de Bruxelles, article de M. Jaurès.

23.	Mais cette règle ne s'appliquera qu'aux pays représentatifs, où les socialistes ont réussi à forcer l'entrée des parlements. Dans les États autocratiques, tels que la Russie, la violence est permise, si elle est efficace. C'est une question d'opportunité !

24.	Vliegen, Enquête sur la grève générale.

25.	A. M. Simons, Enquête sur ta grève générale.

ISBN : 978-1724775931